中国税务年度报告

（2024）

国家税务总局　编

中国税务出版社

图书在版编目（CIP）数据

中国税务年度报告. 2024 / 国家税务总局编. 北京 : 中国税务出版社, 2025. 5. -- ISBN 978-7-5678-1647-3

Ⅰ. F812.423

中国国家版本馆 CIP 数据核字第 2025HC4321 号

书　　名：中国税务年度报告（2024）
　　　　　ZHONGGUO SHUIWU NIANDU BAOGAO（2024）

作　　者：国家税务总局　编

责任编辑：孙晓萍

责任校对：姚浩晴

技术设计：林立志

出版发行：中国税务出版社

北京市丰台区广安路 9 号国投财富广场 1 号楼 11 层

邮政编码：100055

网址：https:// www.taxation.cn

投稿：https:// www.taxation.cn/qt/zztg

发行中心电话：(010) 83362083/85/86

传真：(010) 83362047/49

经　　销：各地新华书店

印　　刷：北京联兴盛业印刷股份有限公司

规　　格：889 毫米 ×1194 毫米　1/16

印　　张：3.75

字　　数：67000 字

版　　次：2025 年 5 月第 1 版　　2025 年 5 月第 1 次印刷

书　　号：ISBN 978-7-5678-1647-3

定　　价：58.00 元

目　录 | CONTENTS

图表目录 | LIST OF FIGURES AND TABLES

表

图

专栏目录 | LIST OF COLUMNS

局长寄语

各位读者朋友，大家好！

《中国税务年度报告（2024）》正式发布了。这份报告详细记录了2024年中国税务部门征收税费收入、落实结构性减税降费政策、深化税务领域改革、优化办税缴费服务、加强税收监管和税务稽查、开展国际税收交流合作等方面的情况，全面反映了一年来中国税务部门凝心聚力、克难奋进推动税务工作高质量发展取得的新进展、新成效。在此，我谨代表中国国家税务总局，向所有关心支持中国税务事业发展的国内外朋友致以衷心的感谢！

2024年，全国税务系统坚持以习近平新时代中国特色社会主义思想为指导，坚决贯彻落实党中央、国务院决策部署，一体推进依法治税、以数治税、从严治税，着力建设效能税务，高质量推进中国式现代化税务实践迈出坚实步伐。我们依法依规征税收费，征收各项税费收入32.8万亿元（未扣除出口退税），切实保障国家发展财力；积极落实税费优惠政策，现行支持科技创新和制造业发展的主要政策全年减税降费及退税超2.6万亿元，有效助力新质生产力加快发展；对标党的二十届三中全会部署，着力深化税务领域改革，水资源费改税、增值税立法等一批改革举措渐次落地，税收征管改革不断深化；创新拓展智能服务场景和征纳互动服务，推进“高效办成一件事”，税费服务数字化步伐明显加快；持续加强税收监管和税务稽查，有力维护法治公平的税收营商环境；深度参与国际税收治理和加强国际税收合作，完善“一带一路”税收征管合作机制，理事会成员增加至37个国家或地区，税收合作“朋友圈”不断扩大。

2025年是“十四五”规划收官之年，也是进一步全面深化改革的重要一年。中国税务部门将以习近平新时代中国特色社会主义思想为指导，深入贯彻党的二十大和二十届二中、三中全会精神，坚定不移建强政治机关、强化垂直管理，坚决捍卫“两个确立”、践行“两个维护”；坚定不移扛牢主责主业、倾力担当作为，更好发挥税收职能作用推动党的二十届三中全会改革部署落地见效；坚定不移优化营商环境、维护法治公平，切实提高纳税人缴费人满意度和税法遵从度；坚定不移构建严管体系、加强队伍建设，持续营造税务系统风清气正的良好环境，更好发挥税收在国家治理中的基础性、支柱性、保障性作用，为强国建设、民族复兴伟业贡献更多更大税务力量。

志合越山海，携手向未来。我们愿与社会各界和各国同行一道，坚持开放包容、交流互鉴、合作共赢，共同谱写税务事业发展新篇章。同时，衷心希望大家一如既往地关心、支持中国税收改革发展！

国家税务总局局长　胡静林

2025年4月

2024年
中国税务工作概要

- 强化政治机关建设
- 依法依规征税收费
- 落实结构性减税降费政策
- 深化税务领域改革
- 优化办税缴费服务
- 加强税收监管和税务稽查
- 服务国家发展大局
- 加强国际税收交流合作
- 推进全面从严治党和税务干部队伍建设

2024年，税务总局坚持以习近平新时代中国特色社会主义思想为指导，深入学习贯彻党的二十届三中全会精神，以接受中央巡视和推进巡视整改为契机，坚持稳中求进工作总基调，立足自身职责，强化责任担当，认真落实党中央、国务院决策部署，全力支持和主动服务党和国家事业发展，高质量推进中国式现代化税务实践取得新进展新成效。

强化政治机关建设

坚持不懈用习近平新时代中国特色社会主义思想凝心铸魂，推动完善以学铸魂、以学增智、以学正风、以学促干长效机制，与中央党校联合举办税务系统学习贯彻习近平新时代中国特色社会主义思想党员干部轮训暨党纪学习教育读书班，通过“主课堂+分课堂”组织全系统“同上一堂课”，促进税务干部全面提升政治能力、党性修养、履职能力。扎实开展重温习近平总书记“7·9”重要讲话发表五周年系列活动，组织税务系统开展贯彻落实情况“回头看”，持续推动政治机关建设一贯到底。深入贯彻落实“垂管为主、地方配合、各负其责、齐抓共管”的党建工作机制，全系统“建强政治机关，走好第一方阵”自觉性、主动性持续增强。

专栏 1

税务系统学习贯彻习近平新时代中国特色社会主义思想党员干部轮训暨党纪学习教育读书班

为巩固拓展学习贯彻习近平新时代中国特色社会主义思想主题教育成果，推动税务系统党纪学习教育走深走实，税务总局与中央党校联合开展税务系统学习贯彻习近平新时代中国特色社会主义思想党员干部轮训暨党纪学习教育读书班。轮训设置习近平新时代中国特色社会主义思想、党的建设、习近平总书记关于税收工作的重要论述3个教学单元，通过“主课堂+分课堂”方式“同上一堂课”，实现全系统全员培训，有力推动广大税务干部理论素养和政治能力明显提升。

依法依规征税收费

坚持聚财与生财并举，坚持严格公正执法与营造良好税收营商环境相结合，依法依规征税收费，稳妥有效加强精准监管堵漏增收，坚决守住不收“过头税费”底线，尽心尽力扛牢组织税费收入主责主业。2024年克服PPI负增长、减税降费规模较大、基数较高等不利因素影响，共完成税收收入17.3万亿元（不含海关代征，未扣除出口退税）。扎实做好社会保险费和非税收入征管服务工作，不断提升规范化、专业化水平。2024年社会保险费收入8.6万亿元、国有土地使用权出让收入等非税收入及其他收入6.9万亿元。税务部门2024年征收税费收入共计32.8万亿元。

表1　全国税收收入（2024年）

单位：亿元

项目	2024年	2023年	同比（%）
全国税收收入	173283	176964	−2.1
国内增值税	66887	69538	−3.8
国内消费税	16747	16322	2.6
企业所得税	40906	41278	−0.9
个人所得税	14766	15021	−1.7
其他税收	33978	34804	−2.4

注：本部分税收收入不含海关代征进口税收，不含关税和船舶吨税，未扣除出口退税。

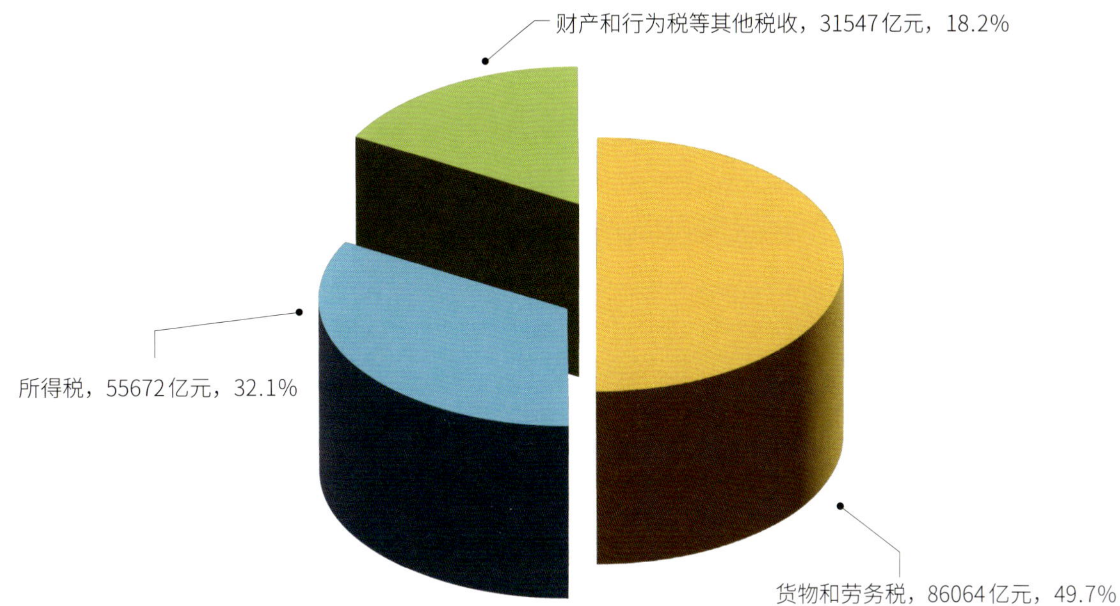

图1　货物和劳务税、所得税、财产和行为税等税收收入结构（2024年）

表2　税务部门征收社会保险费收入情况（2024年）

单位：亿元

项目	收入额	同比（%）
社会保险费	86476.66	5.2
基本养老保险费	57747.31	6.0
企业职工基本养老保险费	45926.26	6.4
城乡居民基本养老保险费	1713.98	14.8
机关事业单位基本养老保险费	10107.07	3.1
基本医疗保险费（含生育保险费）	25579.17	2.7
职工基本医疗保险费（含生育保险费）	21927.94	2.6
城乡居民基本医疗保险费	3651.23	3.3
失业保险费	1875.05	10.4
工伤保险费	1255.44	10.8
职业伤害保障费	8.62	12.8
长期护理保险费	11.08	−49.2

表3 税务部门征收非税收入情况（2024年）

单位：亿元

项目	收入额	占比（%）
非税收入	62626.87	-11.9
其中：一般公共预算收入	9227.46	1.7
政府性基金预算收入	52933.56	-13.9
国有资本经营预算收入	465.85	-9.5

落实结构性减税降费政策

加力落实好结构性减税降费政策，针对重点领域和关键环节，精准高效落实并推动完善税费支持政策。进一步做好政策梳理和宣传解读，持续深化“政策找人”，促进政策直达快享。对违规享受、恶意骗取税费优惠等涉税违法行为，坚持从严从快打击，护航优惠政策落准落稳。2024年，现行支持科技创新和制造业发展的主要政策减税降费及退税超2.6万亿元，在一系列针对性税费支持政策推动下，全国高技术产业销售收入同比增长11.3%，制造业企业销售收入同比增长3.9%。

专栏2

深化“政策找人”

“政策找人”是税务部门发挥税收大数据优势，根据不同行业、企业类型、人员身份等信息，对税费政策与适用对象进行智能匹配，确保符合条件的企业能及时收到契合自身需求政策的一种服务模式。2024年，税务部门持续优化升级“政策找人”服务举措，结合纳税人缴费人基础信息、生产经营数据和办税缴费过程中的行为数据，聚焦支持科技创新和制造业发展、支持资本市场健康发展、促进房地产市场平稳健康发展等，制定组合式推送策略，个性化推送税费优惠政策和涉税操作指引，全年累计精准推送4.05亿户（人）次、6.29亿条，向全国1148万新办户推送针对性宣传产品1625万户次，助力各类经营主体充分享受优惠政策，不断提高税法遵从度。

深化税务领域改革

认真落实党的二十届三中全会涉税改革部署，积极推进税务领域各项改革。增值税法经全国人大常委会审议通过并颁布，现行18个税种中已有14个制定法律，落实税收法定原则取得重大进展。水资源费改税试点于12月1日全面推开，有力助推经济社会绿色转型。深入落实中办、国办2021年3月印发的《关于进一步深化税收征管改革的意见》，如期完成2024年31项改革任务，出台52项创新措施，持续推进税收征管数字化转型，不断提升税费治理效能。在全国上线统一规范的新电子税务局和智慧办公平台，正式推广应用全面数字化的电子发票，创新拓展新电子税务局智能服务场景，实现96%的办税缴费事项网上办，线下办税人数同比下降26%，纳税人平均办税时长缩短20%，明显降低征纳成本。深化税务执法区域协同，优化跨区迁移税费事项办理程序，涉税业务平均办理时长压缩5～10天，符合条件的企业当天即可顺利迁出。

优化办税缴费服务

聚焦落实“高效办成一件事”，以“持续提升效能·办好为民实事”主题开展“便民办税春风行动”，集成推出四个方面的系列惠民利企服务举措，切实提升办税缴费体验。联合中华全国工商业联合会开展2024年助力小微经营主体发展“春雨润苗”专项行动，推出12项创新服务举措。不断深化“银税互动”，2024年帮助守信小微企业获得银行贷款3.06万亿元。推进异地事项跨域办，依托征纳互动服务，构建“远程虚拟窗口”，为纳税人缴费人提供跨区域通办服务。推动实现跨境电子缴税，境外纳税人缴费人办税缴费更便捷。升级完善税费服务诉求解决机制，税务总局和各省税务局协同联动解决纳税人缴费人热点诉求1043件。加强涉税专业服务行业的管理服务，切实维护纳税人缴费人合法权益。第三方调查显示，2024年全国纳税人缴费人满意度得分为89.4分，又有新提高。

专栏3

“便民办税春风行动”

自2014年以来，税务总局连续11年开展“便民办税春风行动”，促进全国纳税人缴费人满意度稳步提升、获得感持续增强。2024年，税务部门聚焦国务院“高效办成一件事”部署，依托贯通税务系统的税费服务诉求解决机制，全方位收集分析纳税人缴费人诉求，以“持续提升效能·办好为民实事”为主题，接续开展“便民办税春风行动”，进一步强化科技支撑、数字赋能，精准对接纳税人缴费人实际需求，有效解决税费业务办理过程中的实际问题，进一步提升税费服务效能。

专栏4

助力小微经营主体发展“春雨润苗”专项行动

2024年，税务总局联合全国工商联连续第4年开展助力小微经营主体发展“春雨润苗”专项行动，以着力推动小微经营主体高质量发展为重点，围绕“惠达小微　助稳向好”主题，在延续并深化以往三年各项行动举措的基础上，从“税惠广宣”“税费捷办”“难题共解”“重点培育”等方面接续推出系列创新服务举措。各级税务机关联合工商联组织进一步加强配合、深化协作，聚焦经营主体关切，开展面向小微经营主体的宣传辅导活动4万余场，惠及小微经营主体1000余万户次；多渠道收集响应小微经营主体意见建议8.6万余条，协同下沉服务解决重点难点问题6.3万余条；为“名特优新”个体工商户、优质中小企业等提供针对性培育服务35万余户次。

专栏5

“银税互动”

为缓解小微企业融资难题，税务总局从2015年起联合金融监管部门在全国范围开展“银税互动”，将纳税信用转化为企业的融资信用，使符合条件的小微企业免抵押即可获得信用贷款。10年来，税务部门与金融监管部门深挖合作潜能，不断完善“银税互动”合作机制、丰富税银共享信息内容、创新“银税互动”信贷产品、扩大受惠企业范围、加强共享涉税数据安全管理，在切实保护纳税人合法权益和确保数据安全的前提下，做精做细“银税互动”工作，持续助力小微企业健康发展。2024年，全国守信小微企业通过“银税互动”获得银行贷款3.06万亿元，同比增长7.75%。

专栏6

异地事项跨域办

税务部门依托征纳互动服务，建立完善收件、办理两地协同联动工作机制，开设“远程虚拟窗口”，运用远程身份核验、音视频交互、资料传递、屏幕共享等技术，在不改变执法主体、不改变税务人员权限、不改变业务办理流程的基础上，实现了纳税人缴费人线下进入综合办税服务厅或线上发起互动均可办理异地业务。2024年，累计为纳税人缴费人办理跨区域业务53.4万笔。

专栏7

诉求解决机制

近年来，税务部门不断健全完善诉求解决工作机制，逐步构建起“总局统筹、省局主责、上下联动、分级负责”的税费服务诉求解决工作格局。同时，建立“税企面对面”常态化交流机制，畅通税企沟通渠道，高效响应纳税人缴费人诉求和意见建议。2024年，税务总局层面扎口分析12366热线等12个诉求反映渠道的数据，梳理形成纳税人缴费人热点诉求，现已优化落实26个热点诉求并完成验证评估。

专栏 8

涉税专业服务机构监管

税务部门持续完善实名制基础上的“信用+风险”监管机制，推行分级分类管理与服务，加强对涉税中介违法违规行为的综合治理，促进涉税专业服务机构及其从业人员诚实守信、依法履责。推行涉税专业服务“信用码”，为涉税专业服务机构及其从业人员赋予专属二维码，推行“亮码执业”和“验码查信”，不断提升诚信执业水平。深入推进涉税专业服务风险管理，利用税收大数据进行风险分析，治理“隐身”税务代理、违规税收策划、与税务人员不当交往等问题，切实防范涉税专业服务风险。深化与财政、市场监管、网信等部门的协作，强化协同监管，共同治理违规税务代理、在互联网发布涉税违法违规信息扰乱国家税收秩序等突出问题，为经营主体发展营造法治公平的环境。

加强税收监管和税务稽查

对高风险重点行业、重点领域、重点人群强化综合施治，有力有效发挥稽查打击涉税违法利剑作用。建立特派办“区域＋行业＋专业”监管模式，持续提升重大涉税风险提早识别和快速反应水平。积极推动最高人民法院、最高人民检察院出台《关于办理危害税收征管刑事案件适用法律若干问题的解释》，将签订“阴阳合同”、虚报专项附加扣除等新型偷逃税手段明确纳入刑事惩处范围。针对出口应征税、平台经济、成品油、文娱、医药等高风险重点领域强化查处整治，成功查处一批有影响力的重大案件，形成有力震慑。全年公开曝光近100起网络主播、虚开骗税、骗享税费优惠政策、加油站偷逃税等典型案件，有力营造公平公正的经济税收环境。在全国范围内推行“说理式执法”，有效化解税企争议，让执法既有“力度”也有“温度”。

专栏9

多部门常态化打击虚开骗税工作机制

持续健全完善国家税务总局、公安部、最高人民法院、最高人民检察院、中国人民银行、海关总署、国家市场监督管理总局、国家外汇管理局八部门常态化联合打击涉税违法犯罪工作机制，制发《关于进一步做好常态化打击涉税违法犯罪工作的意见》，进一步推动八部门工作联动、风险联防、问题联治、成果联创，有效夯实从行政执法到刑事司法全链条、一体化打击涉税违法犯罪的工作新格局。召开联合打击涉税违法犯罪工作推进会议，部署开展“联合利剑2024”专项行动，聚焦重点行业、重点领域、重点人群开展精准打击、依法惩治、曝光震慑、综合治理，虚开骗税等涉税违法犯罪猖獗势头得到有效遏制，更加有力有效发挥税务稽查维护国家税收安全、维护经济运行秩序、维护社会公平正义、揭示重大涉税风险的职能作用。

服务国家发展大局

积极服务京津冀协同发展、长三角一体化发展等国家区域协调发展战略，研究推出系列征管服务措施，推进区域税费征管和服务协作，不断优化区域税收营商环境。积极研究制定海南自贸港封关配套税收政策，落实落细自贸港试验区提升战略涉税任务。扎实开展违规招商引资涉税问题专项治理，服务保障全国统一大市场建设。积极推广资源回收企业向出售废旧物品的自然人“反向开票”措施，全年累计实现“反向开票”185万份，有力支持大规模设备更新和消费品以旧换新政策落地。推动华北、华东制定区域内统一适用的行政处罚裁量基准。截至2024年底，东北、西南、西北、中南、华北、华东均制定了区域内统一适用的行政处罚裁量基准，不断增进税务执法的统一性和规范性。

加强国际税收交流合作

深入贯彻落实习近平主席在第三届“一带一路”国际合作高峰论坛开幕式上的重要讲话精神，特别是关于加强税收等领域多边合作平台建设的重要指示要求，深入推动“一带一路”税收征管合作机制建设。协助中国香港税务部门成功举办第五届“一带一路”税收征管合作论坛，发布《第五届“一带一路”税收征管合作论坛联合声明》《香港行动计划（2025—2027）》等九项成果。深入推进“税路通”跨境税收服务品牌建设，创新推出“项目长制”等服务举措和“全球税讯”等知识产品，扩大品牌影响力。完成与阿根廷、加蓬税收协定以及与奥地利税收协定议定书生效程序，我国税收协定网络已覆盖114个国家（地区）。持续参与联合国、经济合作与发展组织（OECD）等平台的国际税收规则研究与谈判。积极推动国际化人才培养提质增效，深化中国—OECD联合培养税务法学硕士项目建设取得积极进展。2024年，共向我驻外使领馆、国际组织和国外大学派出12名税务干部。

表4　中国税务部门对外交流情况（2024年）

对外交流国家（地区）
日本、韩国、荷兰、南非、俄罗斯、新加坡、哈萨克斯坦、巴基斯坦、沙特阿拉伯、澳大利亚、丹麦、尼泊尔、斯里兰卡、伊朗、越南、蒙古、柬埔寨、印度尼西亚、葡萄牙、希腊、意大利、西班牙、纳米比亚、喀麦隆、卢旺达、秘鲁、巴西、阿根廷、乌拉圭、玻利维亚、巴布亚新几内亚，中国香港、中国澳门

专栏10

“一带一路”税收征管合作机制

“一带一路”税收征管合作机制于2019年4月正式建立，是由中国首倡发起、各方共同建立的多边合作机制，秘书处设在中国北京，旨在通过加强税收征管合作，促进共建“一带一路”国家贸易和投资自由化便利化，推动实现联合国《2030可持续发展目标》提出的包容性、可持续发展。截至2024年底，合作机制成员已增加至37个，观察员增加至30个，并成功举办五届论坛，共有来自80多个国家（地区）的财政部长、税务局长或代表，近20个国际组织的高级官员以及业界和学界代表出席，累计发布29项成果。依托“一带一路”税收征管能力促进联盟成立“一带一路”税务学院6所，成功举办各类线上线下培训150余期，来自120多个国家（地区）的6000余名财税官员参加培训，积极帮助成员和观察员加强税收征管能力建设。

专栏11

“税路通”跨境税收服务品牌矩阵

2024年，税务总局依托“税路通”跨境税收服务品牌建设，创新推出多项服务举措和知识产品，进一步畅通跨境涉税诉求解决机制。全年累计编发110份税收指南、297条全球税讯、23个海外案例、41个跨境问答、120个事项的税收指引等知识产品，为“走出去”企业全方位多角度了解投资目的地税收监管环境提供便利。成立总局、省局跨部门专家服务团队，为跨境企业解答跨境税务疑难问题200余个。依托12366税收服务热线做好跨境税收咨询服务，提供英、法等8个语种咨询服务。创新推出国别税收政策辅导活动，邀请外国税务机关、境外中资企业协会、我驻外使领馆、相关部委等专业人员先后举办墨西哥、越南、巴基斯坦、巴林、奥地利、韩国、塞尔维亚等13场国别活动，为“走出去”企业讲解跨境投资政策。

专栏12

中国—OECD联合培养税务法学硕士项目

联合培养项目是税务总局、财政部、厦门大学与OECD在税收领域创新合作的重要成果，开创了中国与OECD在专业领域合作开展学历学位教育的先河，旨在帮助中国和其他发展中国家培养熟悉国际税收规则、具备专业知识背景的高素质复合型人才，推动全球税收治理体系建设。自2022年以来，已招收3届学生共计81人，其中国际学生32人，均为来自发展中国家的财税官员。2024年，项目组织近70名国际国内业界专家组成的教师团队为学生授课，4名项目学生组成的厦门大学代表队在第八届全球税收协定评论大学竞赛中获得第二名。

推进全面从严治党和税务干部队伍建设

认真贯彻落实党中央决策部署，坚决扛牢管党治党政治责任，推动税务系统全面从严治党和全面从严治税有机贯通，持续完善一体化综合监督体系，以全面从严治党成效为高质量推进中国式现代化税务实践提供坚强保障。扎实开展税务系统党纪学习教育，主动接受中央巡视并深入抓好巡视整改，制定进一步加强派出机构监督、特派办监督工作的制度措施，狠抓群众身边不正之风和腐败问题集中整治，严肃查处各类违规违纪违法问题，有力推动全面从严治党不断向基层延伸、向群众身边延伸。启动实施税务系统“青马工程”千人计划，引领广大团员青年建功新时代。全系统先后有200个集体和105名个人获省部级以上表彰，干部的使命感、荣誉感进一步激发。开展县级税务局长轮训、行政执法人员轮训，分阶段、分层级组织2.7万名新录用公务员进行初任培训，选拔第十批税务领军人才，首次与中华全国总工会联合举办全国税务系统职业技能大赛暨练兵比武活动，深化学习兴税平台应用，打造体系化学习资源，推动税务干部教育培训高质量发展。

专栏13

税务领军人才

全国税务领军人才是推动人才兴税战略的“先手棋”，税务总局始终坚持“优选、精育、严管、善用”总基调，以集中培训、自主学习、实践锻炼相结合方式进行培养。2024年，税务总局正式录取第九批税务领军人才学员110名，选拔第十批税务领军人才预录取学员129名，举办各批次税务领军人才集中培训班18期，组织507人次进行实践锻炼。经过10年持续推进，税务领军人才已超过1000名，广大税务领军人才在税收工作各领域冲锋在前、建功立业，“头雁效应”已然成势，示范效应逐渐放大，导向效应愈发凸显。

专栏14

全国税务系统职业技能大赛暨练兵比武活动

2024年，税务总局、全国总工会首次联合举办全国税务系统职业技能大赛暨练兵比武活动。活动以“扛牢主责主业　强化数字素养　提升履职能力”为主题，开展全员大学习、岗位大练兵、业务大比武。税务总局采取履职能力测试、业务实战和成果展比的方式，选取货物和劳务税、所得税、社会保险费、非税收入、大企业管理、稽查等6个岗位开展技能竞赛。北京、上海、山东、湖北、青岛、广东等6个省级税务局代表团队在总局现场展示交流业务实战案例成果，全国总工会有关领导，中央和国家机关工委、公安部、共青团中央等单位有关部门负责同志到场指导。

2025 年
中国税务发展战略

- 总体思路
- 工作任务

总体思路

以习近平新时代中国特色社会主义思想为指导，深入贯彻党的二十大和二十届二中、三中全会精神，坚持党对税务工作的全面领导，坚持完整准确全面贯彻新发展理念，坚持稳中求进工作总基调，以高质量推进中国式现代化税务实践为主线，以高水平建设效能税务为目标，以落实中央巡视整改为契机，以深化税务领域改革为动力，深入实施数字化转型条件下的税费征管“强基工程”，一体推进依法治税、以数治税、从严治税，一体防范税收风险、执法风险、廉政风险，更好发挥税收在国家治理中的基础性、支柱性、保障性作用，为强国建设、民族复兴伟业贡献更多更大税务力量。

工作任务

坚定不移建强政治机关。坚持不懈用党的创新理论凝心铸魂，进一步巩固拓展主题教育成果，持续抓好党的二十届三中全会精神学习宣传贯彻，推进党纪学习教育常态化长效化，强化对党员干部的理论武装。高标准推进中央巡视整改并持续巩固深化，加力推进税务党建高质量发展，健全完善垂管为主、地方配合、各负其责、齐抓共管的党建工作机制，进一步细化落实党建主体责任清单，推进知责明责履责。围绕“岗位就是责任、支部就是堡垒、党员就是旗帜”，广泛开展主题党日、“三会一课”等，努力把每个基层党组织打造成强基的坚强堡垒，让每名党员干部成为“强基工程”的活跃因子。

坚定不移扛牢主责主业。严格坚持依法依规征税收费，通过深入实施“强基工程”更好加强精准监管堵漏增收，使税收收入与经济税源更相匹配，统筹税源和费源管理，稳步提升社保非税征管质效。精准高效落实并推动完善支持重点领域和关键环节的结构性减税降费政策。积极推进税费制度改革，推进消费税立法、环境保护税修法，抓紧制定出台增值税法实施条例，积极推动部分品目消费税征收环节后移并下划地方、完善综合和分类相结合的个人所得税制度、优化增值税留抵退税政策等改革举措落地，分类分步有序推进规范税收优惠政策，加快研究同新业态相适应的税收制度。着力深化税费征管改革，积极推进税收征管法修订，优化税费数据质量标准，推动税费治理数字化智能化水平持续提升。会同相关部门完善基本养老保险全国统筹制度，推进基本医疗保险省级统筹，进一步扩大新就业形态就业人员职业伤害保障试点。

坚定不移优化营商环境。围绕“高效办成一件事”，继续推进“便民办税春风行动”，持续优化办税缴费便利化举措，引导纳税人缴费人合规经营。进一步规范税务行政处罚裁量权，严格落实税务执法责任制，切实加强对税务人员执法行为的监督。完善常态化规范化税收风险分析和评估核查工作机制。加快推动出台《互联网平台企业涉税信息报送规定》及有关配套制度，稳步加强对平台经济等新兴税源监管。依托八部门联合打击工作机制推进“联合利剑2025”打击涉税违法犯罪专项行动，常态化加强典型案例曝光。持续深化违规招商引资涉税问题治理，积极促进各地从拼优惠政策转向拼营商环境、从追求“政策洼地”转为打造“改革高地”。积极参与联合国、OECD等多边平台的国际税收规则制定及实施。深入推进“一带一路”税收征管合作机制建设，协助办好第六届合作论坛。持续打造“税路通”跨境税收服务品牌，优化服务产品和举措。

坚定不移构建严管体系。认真学习贯彻习近平总书记关于党的自我革命的重要思想，按照二十届中央纪委四次全会部署，推进全面从严治党和全面从严治税有机贯通，持续打造忠诚干净担当的税务铁军，切实保障“强基工程”深入实施。持续深化群众身边不正之风和腐败问题集中整治，在发票管理、出口退税、土地增值税清算、稽查、信息化建设等7个领域部署开展专项整治，贯通推进“一案双查”“双向倒查”“有案同查”。围绕“赋能基层、强化基础”，有针对性地加强教育培训，完善税务人才选拔培养机制，更好发挥领军人才、“青马工程”等示范带动作用，着力激发干事创业动力活力。

附　录

- 组织架构
- 税费制度
- 税收协定与税收情报网络

组织架构

国家税务总局是国务院直属机构，其前身为1950年成立的财政部税务总局。1994年，中国实施分税制财政体制改革，在省和省以下分设国家税务局和地方税务局。税务总局对国家税务局系统实行机构、编制、干部、经费的垂直管理，协同省级人民政府对省级地方税务局实行双重领导。2018年3月，根据中共中央印发的《深化党和国家机构改革方案》和经十三届全国人大一次会议批准的《国务院机构改革方案》，改革国税地税征管体制，将省级和省级以下国税地税机构合并，实行以税务总局为主、与省区市党委和政府双重领导的管理体制。

国家税务总局机构设置与职责

国家税务总局机构设置

税务总局设局长1名，副局长4名，驻税务总局纪检监察组组长1名，总经济师、总会计师和总审计师各1名。派驻机构：中央纪委国家监委驻国家税务总局纪检监察组。税务总局内设16个行政司局，另设机关党委、离退休干部局；9个直属事业单位（其中参照公务员法管理的事业单位为教育中心、电子税务管理中心、集中采购中心），1个直属企业单位；7个派出机构和3个社会团体。

国家税务总局

驻税务总局纪检监察组

职能司局

- 办公厅（党委办公室）
- 政策法规司
- 货物和劳务税司
- 所得税司
- 财产和行为税司
- 国际税务司（港澳台办公室）
- 社会保险费司（非税收入司）
- 收入规划核算司
- 纳税服务司
- 征管和科技发展司
- 大企业税收管理司
- 稽查局
- 财务管理司
- 督察内审司
- 人事司（党委组织部）
- 党建工作局（党委宣传部、巡视工作办公室）
- 机关党委
- 离退休干部局

直属单位

- 教育中心
- 机关服务中心
- 电子税务管理中心
- 集中采购中心
- 税收科学研究所
- 税收宣传中心
- 税务干部学院（中共国家税务总局党校）
- 中国税务杂志社
- 中国税务报社
- 中国税务出版社

派出机构

- 税收大数据和风险管理局
- 驻北京特派员办事处（驻北京稽查局）
- 驻沈阳特派员办事处（驻沈阳稽查局）
- 驻上海特派员办事处（驻上海稽查局）
- 驻广州特派员办事处（驻广州稽查局）
- 驻重庆特派员办事处（驻重庆稽查局）
- 驻西安特派员办事处（驻西安稽查局）

社会团体

- 中国税务学会
- 中国国际税收研究会
- 中国注册税务师协会

图2 国家税务总局机构设置

国家税务总局主要职责

• 具体起草税收法律法规草案及实施细则并提出税收政策建议，与财政部共同上报和下发，制订贯彻落实的措施。负责对税收法律法规执行过程中的征管和一般性税政问题进行解释，事后向财政部备案。

• 承担组织实施税收及社会保险费、有关非税收入的征收管理责任，力争税费应收尽收。

• 参与研究宏观经济政策、中央与地方的税权划分并提出完善分税制的建议，研究税负总水平并提出运用税收手段进行宏观调控的建议。

• 负责组织实施税收征收管理体制改革，起草税收征收管理法律法规草案并制定实施细则，制定和监督执行税收业务、征收管理的规章制度，监督检查税收法律法规、政策的贯彻执行。

• 负责规划和组织实施纳税服务体系建设，制定纳税服务管理制度，规范纳税服务行为，制定和监督执行纳税人权益保障制度，保护纳税人合法权益，履行提供便捷、优质、高效纳税服务的义务，组织实施税收宣传，拟订税务师管理政策并监督实施。

• 组织实施对纳税人进行分类管理和专业化服务，组织实施对大型企业的纳税服务和税源管理。

• 负责编报税收收入中长期规划和年度计划，开展税源调查，加强税收收入的分析预测，组织办理税收减免等具体事项。

• 负责制定税收管理信息化制度，拟订税收管理信息化建设中长期规划，组织实施金税工程建设。

• 开展税收领域的国际交流与合作，参加国家（地区）间税收关系谈判，草签和执行有关的协议、协定。

• 办理进出口商品的税收及出口退税业务。

• 以税务总局为主、与省区市党委和政府对全国税务系统实行双重领导。

• 承办党中央、国务院交办的其他事项。

省级和省级以下税务局机构设置与职责

省以下税务系统设省（自治区、直辖市和计划单列市）、市（地、州、盟）、县（市、区、旗）三级税务局，县税务局下设税务分局、税务所。省（自治区、直辖市和计划单列市）税务局36个，副省级城市税务局10个，市级税务局522个，县级税务局3166个。

省级税务局主要职责

- 负责贯彻执行党的路线、方针、政策，加强党的全面领导，履行全面从严治党责任，负责党的建设和思想政治建设工作。
- 负责贯彻执行税收、社会保险费和有关非税收入法律、法规、规章和规范性文件，研究制定具体实施办法。组织落实国家规定的税收优惠政策。
- 负责研究拟订本系统税收、社会保险费和有关非税收入中长期规划，参与拟订税收、社会保险费和有关非税收入预算目标并依法组织实施。负责本系统税收、社会保险费和有关非税收入的会统核算工作。组织开展收入分析预测。
- 负责开展税收经济分析和税收政策效应分析，为税务总局和地方党委、政府提供决策参考。
- 负责所辖区域内各项税收、社会保险费和有关非税收入征收管理。组织实施税（费）源监控和风险管理，加强大企业和自然人税收管理。
- 负责组织实施本系统税收、社会保险费和有关非税收入服务体系建设。组织开展纳税服务、税收宣传工作，保护纳税人缴费人合法权益。承担涉及税收、社会保险费和有关非税收入的行政处罚听证、行政复议和行政诉讼事项。
- 负责所辖区域内国际税收和进出口税收管理工作，组织反避税调查和出口退税事项办理。
- 负责组织实施所辖区域内税务稽查和社会保险费、有关非税收入检查工作。
- 负责增值税专用发票、普通发票和其他各类发票管理。负责税收、社会保险费和有关非税收入票证管理。
- 负责组织实施本系统各项税收、社会保险费和有关非税收入征管信息化建设和数据治理工作。
- 负责本系统内部控制机制建设工作，开展对本系统贯彻执行党中央、国务院重大决策及上级工作部署情况的督查督办，组织实施税收执法督察。
- 负责本系统基层建设和干部队伍建设工作，加强领导班子和后备干部队伍建设，承担税务人才培养和干部教育培训工作。负责本系统绩效管理和干部考核工作。
- 负责本系统机构、编制、经费和资产管理工作。
- 完成税务总局和省级党委、政府交办的其他工作。

省级以下税务局主要职责

按照分级管理、权责一致的原则，省级以下税务局在加强党的建设、思想政治建设和干部队伍建设的同时，突出直接面向纳税人缴费人的管理服务职能，具体承担所辖区域内各项税收、社会保险费和有关非税收入征管等职责。

表5 省级和省级以下税务局设置情况（2024年）

机构层级	机构数量（个）
省（自治区、直辖市和计划单列市）税务局	36
副省级城市税务局	10
市级税务局	522
县级税务局	3166

图3 税务机构设置

税务系统在职人员规模和相关构成

截至2024年12月31日，全国税务系统在职人员共计650389人，其中，女性工作人员279583人，占比42.99%；高级管理人员（副处级及以上人员）44150人，其中，女性高级管理人员9982人，占比22.61%。

自2018年国税地税机构合并以来，全国税务系统在职人员呈现出显著的总量精减、结构优化的发展态势。在职人员总量由2018年底的74.02万人下降至2024年底的65.04万人，降幅达12.13个百分点；研究生及以上学历人员由4.69万人增加为8.18万人，占全员比重增加了6.24个百分点；大专及以下学历人员由19.18万人减少为8.5万人，占全员比重降低了12.84个百分点。全国税务人员知识结构明显改善。

表6　2018年以来税务系统在职人员数量变化

单位：万人

年度	2018	2019	2020	2021	2022	2023	2024
人员总量	74.02	72.03	70.89	69.84	68.87	66.80	65.04

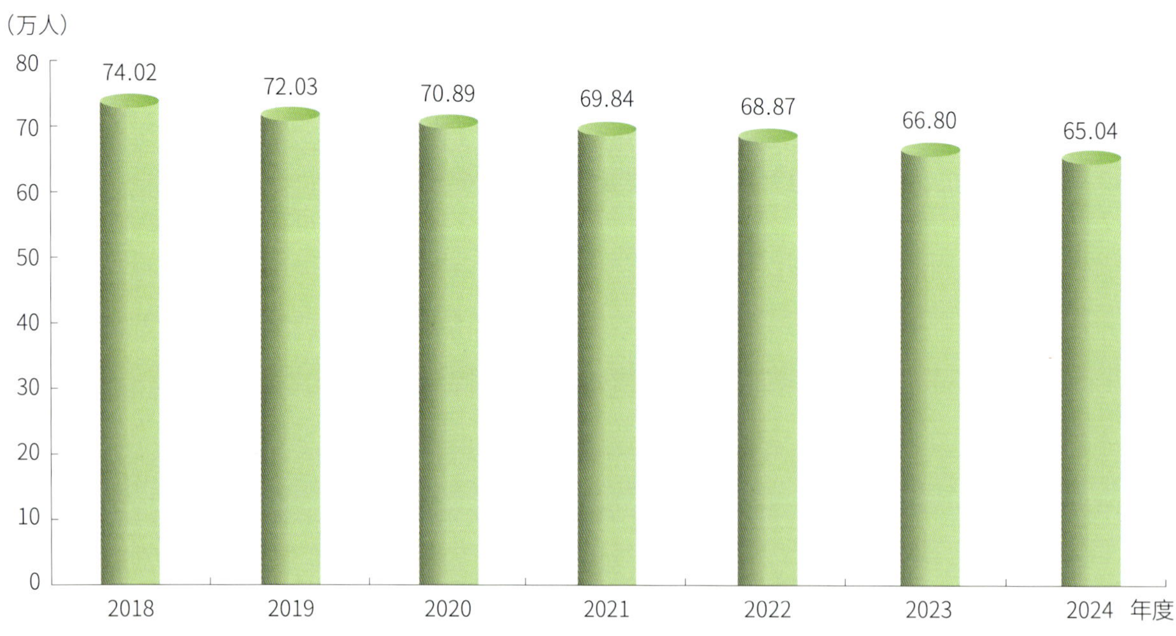

图4　2018年以来税务系统在职人员数量变化

税费制度

为了适应建立和完善社会主义市场经济体制的需要，1994年中国进行了分税制财政管理体制改革，构建了现行税制基本框架。进入21世纪以来，中国对税制进行了一系列调整和完善，为实现政府财力增强和经济高质量发展发挥了重要作用。

中国税制主要变化（1994—2024年）

1994年 在全国范围内实施统一的增值税制度。取消集市交易税、牲畜交易税、烧油特别税、奖金税、工资调节税等税种。

1997年 7月7日，国务院公布《中华人民共和国契税暂行条例》，自1997年10月1日起施行。

1999年 8月30日，第九届全国人民代表大会常务委员会第十一次会议修正《中华人民共和国个人所得税法》。

2000年 停止征收固定资产投资方向调节税。

10月22日，国务院公布《中华人民共和国车辆购置税暂行条例》，自2001年1月1日起施行。

2003年 11月23日，国务院公布新的《中华人民共和国进出口关税条例》，自2004年1月1日起施行。

2005年 10月27日，第十届全国人民代表大会常务委员会第十八次会议修正《中华人民共和国个人所得税法》，自2006年1月1日起施行。

2006年 1月1日，取消农业税。

4月28日，国务院公布《中华人民共和国烟叶税暂行条例》，自公布之日起施行。

12月29日，国务院公布《中华人民共和国车船税暂行条例》，自2007年1月1日起施行。

12月31日，国务院修订《中华人民共和国城镇土地使用税暂行条例》，自2007年1月1日起施行。

2007年 3月16日，第十届全国人民代表大会第五次会议审议通过《中华人民共和国企业所得税法》，自2008年1月1日起施行。

6月29日，第十届全国人民代表大会常务委员会第二十八次会议修正《中华人民共和国个人所得税法》。

12月29日，第十届全国人民代表大会常务委员会第三十一次会议修正《中华人民共和国个人所得税法》，自2008年3月1日起施行。

2007—2010年 中国改革开放以来施行的内外两套税制得到统一：

2007年，统一内外资企业城镇土地使用税制度；

2008年，《中华人民共和国企业所得税法》及其实施条例实施，统一内外资企业所得税制度；

2009年，统一内外资企业房产税制度；

2010年，统一内外资企业和个人城市维护建设税制度。

2009年 实施成品油税费改革，完善消费税制度。

在全国范围内实施由生产型向消费型转型的增值税改革，允许企业购进机器设备所含增值税税款在销项税额中抵扣。

2011年 实施原油、天然气资源税从价计征改革。

2月25日，第十一届全国人民代表大会常务委员会第十九次会议通过《中华人民共和国车船税法》，自2012年1月1日起施行。

6月30日，第十一届全国人民代表大会常务委员会第二十一次会议修正《中华人民共和国个人所得税法》，自2011年9月1日起施行。

2012年 选择部分地区开始实施营改增试点。

2013年 营改增试点在全国范围内推开，试点行业范围包括交通运输业和部分现代服务业。

2014年 逐步将铁路运输业、邮政业、电信业纳入营改增试点行业范围。

实施煤炭资源税从价计征改革。

2015年 稳妥实施营改增试点。

积极开展消费税改革和稀土、钨、钼资源税从价计征改革。

2016年 全面推开营改增试点，实现增值税对货物和服务全覆盖。

全面推开资源税从价计征改革，并在河北省率先开展水资源税改革试点。

12月25日，第十二届全国人民代表大会常务委员会第二十五次会议通过《中华人民共和国环境保护税法》，自2018年1月1日起施行。

2017年　简并增值税税率，取消13%档次增值税税率，形成17%、11%、6%三档税率结构。

2月24日，第十二届全国人民代表大会常务委员会第二十六次会议修正《中华人民共和国企业所得税法》。

将水资源税改革试点范围扩大至北京等9个省(自治区、直辖市)。

11月19日，国务院废止《中华人民共和国营业税暂行条例》，同时修订《中华人民共和国增值税暂行条例》。

12月25日，国务院公布《中华人民共和国环境保护税法实施条例》，自2018年1月1日起施行。

12月27日，第十二届全国人民代表大会常务委员会第三十一次会议通过《中华人民共和国烟叶税法》《中华人民共和国船舶吨税法》，均自2018年7月1日起施行。

2018年　深化增值税改革，将17%、11%税率分别调整为16%、10%，形成16%、10%、6%三档税率结构。

8月31日，第十三届全国人民代表大会常务委员会第五次会议修正《中华人民共和国个人所得税法》，自2019年1月1日起施行。

12月29日，第十三届全国人民代表大会常务委员会第七次会议修正《中华人民共和国企业所得税法》；通过《中华人民共和国车辆购置税法》《中华人民共和国耕地占用税法》，分别自2019年7月1日、2019年9月1日起施行。

2019年　下调增值税税率，将16%、10%税率分别调整为13%、9%，形成13%、9%、6%三档税率结构；扩大进项税额抵扣范围。实施小微企业普惠性税收减免政策，加大小微企业税收优惠力度。

8月26日，第十三届全国人民代表大会常务委员会第十二次会议通过《中华人民共和国资源税法》，自2020年9月1日起施行。

2020年　3月1日至6月30日，中国首次个人所得税综合所得汇算清缴顺利推进，标志着综合与分类相结合的个人所得税制在中国基本建立。

8月11日，第十三届全国人民代表大会常务委员会第二十一次会议通过《中华人民共和国契税法》《中华人民共和国城市维护建设税法》，均自2021年9月1日起施行。

2021年　6月10日，第十三届全国人民代表大会常务委员会第二十九次会议通过《中华人民共和国印花税法》，自2022年7月1日起施行。

10月23日，第十三届全国人民代表大会常务委员会第三十一次会议通过《全国人民代表大会常务委员会关于授权国务院在部分地区开展房地产税试点工作的决定》。

2022年 12月27日，《中华人民共和国增值税法（草案）》提请第十三届全国人民代表大会常务委员会第三十八次会议首次审议。立法总体上按照税制平移的思路，保持现行税制框架和税负水平基本不变，将《中华人民共和国增值税暂行条例》和有关政策规定上升为法律。

2023年 8月28日，《中华人民共和国增值税法（草案二次审议稿）》提请第十四届全国人民代表大会常务委员会第五次会议二次审议。

10月19日，《中华人民共和国关税法（草案）》提请第十四届全国人民代表大会常务委员会第六次会议首次审议。

2024年 4月26日，第十四届全国人民代表大会常务委员会第九次会议通过《中华人民共和国关税法》，自2024年12月1日起施行。

12月25日，第十四届全国人民代表大会常务委员会第十三次会议通过《中华人民共和国增值税法》，自2026年1月1日起施行。

现行税收制度

目前，中国共有18个税种，按照税种性质大致可分为以下三个类别：

- 货物和劳务税，包括增值税、消费税、车辆购置税和关税4个税种。
- 所得税，包括企业所得税、个人所得税2个税种。
- 财产和行为税，包括土地增值税、房产税、城镇土地使用税、耕地占用税、契税、资源税、车船税、印花税、城市维护建设税、烟叶税、船舶吨税和环境保护税12个税种。

表7 中国现行税种（2024年）

序号	种类	纳税人	征收对象（计税依据）	税率
货物和劳务税				
1	增值税	在中国境内销售货物或者加工、修理修配劳务、销售服务、无形资产、不动产以及进口货物的单位和个人	销售、进口货物，销售加工、修理修配劳务，销售服务、无形资产、不动产	税率为13%、9%、6%；征收率为3%、5%
2	消费税	在中华人民共和国境内生产、委托加工和进口应税消费品的单位和个人，以及国务院确定的销售应税消费品的其他单位和个人	烟、酒、小汽车、成品油等15类消费品	从价定率，从量定额，或者复合计税
3	车辆购置税	在中国境内购置应税车辆的单位和个人	购置汽车、排气量超过150毫升的摩托车、有轨电车、挂车	10%
4	关税	进口货物的收货人、出口货物的发货人、进境物品的携带人或者收件人	中国准许进出口的货物、进境物品	从价定率，从量定额，或者复合计税
所得税				
5	企业所得税	在中国境内的企业和其他取得收入的组织，分为居民企业和非居民企业	居民企业和非居民企业取得的按照税法规定计征的应纳税所得额	居民企业为25%，非居民企业为25%、20%（减按10%）
6	个人所得税	居民个人：在中国境内有住所，或者无住所而一个纳税年度内在中国境内居住累计满183天的个人	从中国境内和境外取得的所得	居民个人税率为：综合所得，适用3%～45%的超额累进税率；经营所得，适用5%～35%的超额累进税率；利息、股息、红利所得，财产租赁所得，财产转让所得和偶然所得，适用比例税率，税率为20%。非居民个人税率为：工资薪金所得、劳务报酬所得、稿酬所得、特许权使用费所得按月按次分别适用3%～45%的超额累进税率；经营所得适用5%～35%的超额累进税率；利息、股息、红利所得，财产租赁所得，财产转让所得和偶然所得，适用比例税率，税率为20%
		非居民个人：在中国境内无住所又不居住，或者无住所而一个纳税年度内在中国境内居住累计不满183天的个人	从中国境内取得的所得	
财产和行为税				
7	土地增值税	在中国境内转让国有土地使用权、地上的建筑物及其附着物并取得收入的单位和个人	转让房地产所取得的增值额	四级超率累进税率（30%、40%、50%、60%）

续表

序号	种类	纳税人	征收对象（计税依据）	税率
8	房产税	在中国境内城市、县城、建制镇和工矿区范围内房屋的产权所有人	城市、县城、建制镇和工矿区范围内房屋	自用的，按照房产原值减除10%～30%后余值征税，税率为1.2%；出租的，按照租金征税，税率为12%
9	城镇土地使用税	在中国境内城市、县城、建制镇、工矿区范围内使用土地的单位和个人	纳税人实际占用的土地面积	城镇土地使用税每平方米年税额：大城市为1.5～30元；中等城市为1.2～24元；小城市为0.9～18元；县城、建制镇、工矿区为0.6～12元
10	耕地占用税	在中国境内占用耕地（包括其他农用地）建设建筑物、构筑物或者从事非农业建设的单位和个人	纳税人实际占用的耕地（包括其他农用地）面积	不同地区实行有差别的幅度税额
11	契税	在中国境内转移土地、房屋权属，承受的单位和个人	成交价格或互换价格差额	3%～5%
12	资源税	在中国领域和管辖的其他海域开发应税资源的单位和个人	能源矿产、金属矿产、非金属矿产、水气矿产、盐	按照《中华人民共和国资源税法》所附《资源税税目税率表》执行
13	车船税	在中国境内应税车辆、船舶的所有人或者管理人	车辆和船舶	不同幅度的定额税率
14	印花税	在中国境内书立应税凭证、进行证券交易的单位和个人； 在中国境外书立在境内使用应税凭证的单位和个人	书立的应税凭证和证券交易	比例税率
15	城市维护建设税	缴纳增值税、消费税的单位和个人	纳税人依法实际缴纳的增值税和消费税税额	纳税人所在地在市区的，税率为7%；在县城、镇的，税率为5%；不在市区、县城或镇的，税率为1%
16	烟叶税	在中国境内，依照《中华人民共和国烟草专卖法》的规定收购烟叶的单位	纳税人收购烟叶实际支付的价款总额	20%
17	船舶吨税	自中国境外港口进入境内港口的船舶负责人	船舶	实行定额税率，包括优惠税率和普通税率
18	环境保护税	在中国领域和管辖的其他海域，直接向环境排放应税污染物的企业事业单位和其他生产经营者	《中华人民共和国环境保护税法》规定的应税污染物，包括大气污染物、水污染物、固体废物和噪声	依照《中华人民共和国环境保护税法》所附《环境保护税税目税额表》执行

注：关税、船舶吨税和进口环节增值税、消费税由海关代征。

2024年税收制度与政策调整

● 税收服务创新驱动发展战略

为贯彻落实国务院《推动大规模设备更新和消费品以旧换新行动方案》，联合财政部制发《关于节能节水、环境保护、安全生产专用设备数字化智能化改造企业所得税政策的公告》（财政部 税务总局公告2024年第9号），规定企业在2024年1月1日至2027年12月31日期间发生的节能节水、环境保护和安全生产专用设备数字化、智能化改造投入，不超过该专用设备购置时原计税基础50%的部分，可按照10%比例抵免企业当年应纳税额；企业当年应纳税额不足抵免的，可以向以后年度结转，但结转年限最长不得超过5年。为支持企业创新发展，联合财政部制发《关于上市公司股权激励有关个人所得税政策的公告》（财政部 税务总局公告2024年第2号），规定自2024年1月1日至2027年12月31日，境内上市公司授予个人的股票期权、限制性股票和股权奖励，经向主管税务机关备案，个人可自股票期权行权、限制性股票解禁或取得股权奖励之日起，在不超过36个月的期限内缴纳个人所得税。

● 税收服务乡村振兴

联合财政部制发《关于农村集体产权制度改革土地增值税政策的公告》（财政部 税务总局公告2024年第3号），规定村民委员会、村民小组按照农村集体产权制度改革要求，将国有土地使用权、地上的建筑物及其附着物转移、变更到农村集体经济组织名下的，暂不征收土地增值税。同时，继续落实好农业生产、农产品流通体系建设、农村饮水安全工程和农村金融等支持乡村振兴、改善农村人居环境的税费优惠政策。

● 税收助力提升人民群众养老保障水平

联合财政部制发《关于在全国范围实施个人养老金个人所得税优惠政策的公告》（财政部 税务总局公告2024年第21号），规定自2024年1月1日起，在全国范围实施个人养老金递延纳税优惠政策。在缴费环节，个人向个人养老金资金账户的缴费，按照12000元/年的限额标准，在综合所得或经营所得中据实扣除；在投资环节，对计入个人养老金资金账户的投资收益暂不征收个人所得税；在领取环节，个人领取的个人养老金不并入综合所得，单独按照3%的税率计算缴纳个人所得税，其缴纳的税款计入“工资、薪金所得”项目。

● 税收促进房地产市场平稳健康发展

联合财政部、住房城乡建设部制发《关于促进房地产市场平稳健康发展有关税收政策的公告》（财政部 税务总局 住房城乡建设部公告2024年第16号），加大住房交易环节契税优惠力度，积极支持居民刚性和改善性住房需求；明确与取消普通住宅和非普通住宅标准相衔接的增值税、土地增值税优惠政策，降低二手房交易成本，保持房地产企业税负稳定。制发《关于降低土地增值税预征率下限的公告》（国家税务总局公告2024年第10号），降低土地增值税预征率下限，缓解房地产企业财务困难。

● 税收服务绿色发展

为深入贯彻党的二十届三中全会部署要求，进一步加强水资源管理和保护，促进水资源节约集约安全利用，经国务院同意，财政部、税务总局、水利部制发《水资源税改革试点实施办法》（财税〔2024〕28号），明确自2024年12月1日起全面实施水资源费改税试点，对纳税人、征税对象、计税依据、税额标准、税收优惠等税制要素作出具体规定。还联合财政部、水利部制发《关于水资源税有关征管问题的公告》（国家税务总局 财政部 水利部公告2024年第12号），进一步明确水资源税政策执行口径，细化水资源税征管有关规定，规范水资源税减免税管理，为征纳双方提供更加明确的政策依据与操作指引。

● 税收服务粤港澳大湾区建设

联合财政部制发《关于河套深港科技创新合作区深圳园区企业所得税优惠政策的通知》（财税〔2024〕2号），规定自2023年1月1日起至2027年12月31日，对设在河套合作区深圳园区特定封闭区域符合条件的鼓励类产业企业，减按15%的税率征收企业所得税。联合财政部制发《关于前海深港现代服务业合作区企业所得税优惠政策的通知》（财税〔2024〕13号），规定自2023年1月1日至2025年12月31日，将《财政部 税务总局关于延续深圳前海深港现代服务业合作区企业所得税优惠政策的通知》（财税〔2021〕30号）规定的税收政策，扩展至前海深港现代服务业合作区全域。联合财政部制发《关于前海深港现代服务业合作区个人所得税优惠政策的通知》（财税〔2024〕12号），规定自2023年1月1日至2027年12月31日，对在前海工作的香港居民，其个人所得税税负超过香港税负的部分予以免征。

● 税收服务长三角一体化发展

联合财政部制发《关于在中国（上海）自由贸易试验区及临港新片区试点离岸贸易印花税优惠政策的通知》（财税〔2024〕8号），规定自2024年4月1日至2025年3月31日，对符合条件企业开展离岸转手买卖业务书立的买卖合同免征印花税。

● 完善彩票兑奖与适用税法口径

联合财政部等部门制发《关于彩票兑奖

与适用税法有关口径的公告》(财政部　税务总局　民政部　体育总局公告2024年第12号)，规定自2024年9月1日起，继续执行彩票一次中奖收入不超过10000元暂免征收个人所得税相关政策规定。电脑彩票以同一人在同一期同一游戏中获得的全部奖金为一次中奖收入，即开型彩票以一张彩票奖金为一次中奖收入。彩票机构和销售网点兑付电脑彩票时，兑奖金额超过3000元的，应登记中奖人相关实名信息和兑奖信息。

现行社会保险制度

目前，中国社会保险包括基本养老保险、基本医疗保险、失业保险、工伤保险和生育保险五大类。此外，按照党中央、国务院决策部署，税务部门征收的还有正在试点的长期护理保险和新就业形态人员职业伤害保障费两类。

表8　中国现行社会保险制度(2024年)

<table>
<tr><th colspan="2">种类</th><th>缴费人</th><th>缴费基数</th><th>缴费比例</th></tr>
<tr><td rowspan="4">基本养老保险</td><td rowspan="3">企业职工基本养老保险</td><td rowspan="3">各类用人单位及其职工(机关事业单位及其编制内人员除外)
无雇工的个体工商户、未在用人单位参加基本养老保险的非全日制从业人员以及其他灵活就业人员</td><td>单位缴费基数：职工个人缴费工资基数之和</td><td>单位缴费比例：16%</td></tr>
<tr><td>个人缴费基数：职工本人工资。职工月平均工资低于本省上年全口径社会平均工资60%的，按60%计算缴费工资基数，超过本省上年全口径社会平均工资300%的部分不计入缴费工资基数</td><td>个人缴费比例：8%</td></tr>
<tr><td>灵活就业人员缴费基数：可在本省上年全口径社会平均工资的60%至300%之间适当选择</td><td>灵活就业人员缴费比例：20%</td></tr>
<tr><td>机关事业单位工作人员基本养老保险</td><td>机关事业单位及其编制内工作人员</td><td>单位缴费基数：参加机关事业单位养老保险工作人员的个人缴费工资基数之和</td><td>单位缴费比例：16%</td></tr>
</table>

续表

种类		缴费人	缴费基数	缴费比例
基本养老保险	机关事业单位工作人员基本养老保险	机关事业单位及其编制内工作人员	个人缴费基数：本人工资。工作人员月平均工资低于本省上年全口径社会平均工资60%的，按60%计算缴费工资基数，超过本省上年全口径社会平均工资300%的部分不计入缴费工资基数	个人缴费比例：8%
	城乡居民基本养老保险	年满16周岁（不含在校学生），非国家机关和事业单位工作人员及不属于职工基本养老保险制度覆盖范围的城乡居民	个人缴费标准分为每人每年100元、200元、300元、400元、500元、600元、700元、800元、900元、1000元、1500元、2000元12个档次，省（区、市）人民政府可以根据实际情况增设缴费档次	
基本医疗保险	职工基本医疗保险	各类用人单位及其职工，由用人单位和职工共同缴纳；无雇工的个体工商户、未在用人单位参加职工基本医疗保险的非全日制从业人员以及其他灵活就业人员可以自愿参加，由个人缴纳	单位缴费基数：单位职工工资总额	单位缴费比例：6%左右
			个人缴费基数：本人工资收入	个人缴费比例：2%左右
			灵活就业人员缴费基数可参照当地上一年职工年平均工资核定	灵活就业人员缴费率原则上按照当地的缴费率确定
	城乡居民基本医疗保险	除职工基本医疗保险应参保人员以外的其他所有城乡居民	2024年个人最低缴纳标准每人每年提升至400元	
失业保险	失业保险	用人单位和职工	单位缴费基数：本单位工资总额	单位缴费比例：0.5%～0.8%
			个人缴费基数：本人工资	个人缴费比例：0.2%～0.5%
工伤保险	工伤保险	用人单位	单位缴费基数：本单位职工工资总额	（一）行业差别费率 工伤保险行业风险类别确定为八类，一类至八类分别控制在该行业用人单位职工工资总额的0.2%、0.4%、0.7%、0.9%、1.1%、1.3%、1.6%、1.9%左右。 （二）浮动费率 在实行行业差别费率的基础上，通过费率浮动的办法确定每个行业内的费率档次。一类行业分为三个档次，即在基准费率的基础上，可向上浮动至120%、150%，二类至八类行业分为五个档次，即在基准费率的基础上，可分别向上浮动至120%、150%或向下浮动至80%、50%

续表

种类		缴费人	缴费基数	缴费比例
生育保险	生育保险	用人单位	单位缴费基数：单位职工工资总额。原则上与职工基本医疗保险的缴费基数一致	与职工基本医疗保险统一征缴，按照用人单位参加生育保险和职工基本医疗保险的缴费比例之和确定新的单位费率
长期护理保险（试点）	职工长期护理保险	试点地区参加职工基本医疗保险的用人单位、个人	单位缴费基数：职工工资总额 个人缴费基数：本人工资收入	单位缴费比例与个人缴费比例原则上相同；各试点地区缴费比例为0.15%至0.5%不等
	城乡居民长期护理保险	试点地区参加城乡居民基本医疗保险的个人	各试点地区个人缴费标准每人每年5元至90元不等	
新就业形态就业人员职业伤害保障（试点）	新就业形态就业人员职业伤害保障	试点地区部分出行、外卖、即时配送和同城货运平台企业	上月总单量	试行期间出行、外卖、即时配送和同城货运暂按每单0.04元、0.06元、0.04元、0.2元执行； 制度正式推行后，根据职业伤害保障费使用、职业伤害发生率等情况，可以在平台企业缴费基准额的基础上适当浮动，上下浮动不超过50%，确定不同平台企业的每单缴费标准

税务部门征收的非税收入项目

2024年，税务部门征收的非税收入包括28个统一征收的中央项目、部分地区征收的10个中央项目和38个省级项目。

表9 税务部门统一征收的中央非税收入项目（2024年）

序号	项目名称	征收对象	征收标准	相关说明
1	教育费附加	凡实际缴纳增值税、消费税的单位和个人	以各单位和个人实际缴纳增值税、消费税税额的3%计征	2018年前已征项目
2	地方教育附加	凡实际缴纳增值税、消费税的单位和个人	以各单位和个人实际缴纳增值税、消费税税额的2%计征	2018年前已征项目

续表

序号	项目名称	征收对象	征收标准	相关说明
3	文化事业建设费	在中国境内提供广告服务的广告媒介单位和户外广告经营单位，以及在中国境内提供娱乐服务的单位和个人	按提供广告服务、娱乐服务取得的计费销售额和3%的费率计征	2018年前已征项目
4	残疾人就业保障金	未按规定安排残疾人就业的机关、团体、企业、事业单位和民办非企业单位	按上年用人单位安排残疾人就业未达到规定比例的差额人数计算。用人单位安排残疾人就业的比例不得低于本单位在职职工总数1.5%，具体比例由各省、自治区、直辖市人民政府根据本地区的实际情况规定	2018年前已征项目
5	国家重大水利工程建设基金	除西藏自治区以外全国范围内的电力用户	各省、自治区、直辖市扣除国家扶贫开发工作重点县农业排灌用电后的全部销售电量和规定征收标准之积。按照每千瓦时计算征收，各地标准不统一	2019年划转
6	农网还贷资金	农网改造贷款“一省多贷”的省、自治区、直辖市的电力用户	除规定的减免用量外，农网改造贷款“一省多贷”的省、自治区、直辖市按全社会用电量和每度电2分钱的征收标准征收	2019年划转
7	可再生能源发展基金	除西藏自治区以外全国范围内的电力用户	居民生活用电征收标准为8厘/千瓦时。各省（自治区、直辖市，不含新疆维吾尔自治区、西藏自治区）居民生活和农业生产以外全部销售电量的可再生能源发展基金征收标准为1.9分/千瓦时。新疆维吾尔自治区征收标准为1.5分/千瓦时	2019年划转
8	中央水库移民扶持基金	大中型水库移民扶持基金征收对象为30个省份范围内的电力用户（省级电网企业代征），跨省际大中型水库库区基金征收对象为跨省际大中型水库	大中型水库移民扶持基金征收标准为按照扣除农业用电后的全部销售电量加价征收（各地标准不同）。跨省际大中型水库库区基金征收标准按照水库发电企业所在省份的大中型水库库区基金征收标准执行，不高于8厘/千瓦时	2019年划转
9	地方水库移民扶持基金	省级大中型水库库区基金征收对象为装机容量2.5万千瓦及以上有发电收入的水库和水电站；小型水库移民扶持基金征收对象为电力用户	各省在财政部规定范围内自行制定征收标准	2021年划转
10	三峡电站水资源费	中国长江电力股份有限公司	三峡电站实际发电量和规定的征收标准之积，三峡电站的水资源费按0.5分/千瓦时执行	2019年划转（自2024年12月1日起已改为“水资源税”）

续表

序号	项目名称	征收对象	征收标准	相关说明
11	水利建设基金	企事业单位和个体经营者	各省计费方式和计费标准不统一。主要有五种计费方式：一是按比例提取；二是按定额提取；三是按收入计征；四是按土地面积征收；五是按实际电量计征	2020年划转
12	核电站乏燃料处理处置基金	拥有已投入商业运行5年以上压水堆核电机组的核电厂	按照核电厂已投入商业运行5年以上压水堆核电机组的实际上网销售电量征收，征收标准为0.026元/千瓦时	2019年划转
13	核事故应急准备专项收入	核电企业	1.基建期按设计额定容量每千瓦5元人民币的标准缴纳。基建期应在核电工程浇灌第一罐混凝土的当年起3年内按规定承担数额的30%、40%和30%分年度缴清。 2.运行期按年度上网销售电量每千瓦时0.2厘的标准缴纳	2019年划转
14	油价调控风险准备金	在中国境内生产、委托加工和进口汽、柴油的成品油生产经营企业	由国家发展改革委、财政部确定征收标准	2019年划转
15	国家留成油收入	中国海洋石油总公司、中国石油天然气集团公司、中国石油化工集团公司	石油企业应上缴的国家留成油随合作油田生产的原油对外销售实现的变价款收入	2019年划转
16	石油特别收益金	在中国陆地领域和所辖海域独立开采并销售原油的企业以及在上述领域以合资、合作等方式开采并销售原油的其他企业	石油特别收益金实行5级超额累进从价定率计征，起征点为65美元/桶	2019年划转
17	免税商品特许经营费	中国免税品（集团）总公司、深圳市国有免税商品（集团）有限公司、珠海免税企业（集团）有限公司、中国中旅（集团）公司、中国出国人员服务总公司、上海浦东国际机场免税店以及其他经营免税商品或代理销售免税商品的企业	一般为经营免税商品业务年销售收入的1%缴纳；海南离岛旅客免税店按经营免税商品业务年销售收入的4%缴纳	2019年划转
18	水土保持补偿费	在山区、丘陵区、风沙区以及水土保持规划确定的容易发生水土流失的其他区域开办生产建设项目或者从事其他生产建设活动，损坏水土保持设施、地貌植被，不能恢复原有水土保持功能的单位和个人	各地区按照国家规定的计费方法根据本地实际情况制定具体标准	2021年划转

续表

序号	项目名称	征收对象	征收标准	相关说明
19	防空地下室易地建设费	按规定需要同步配套建设，但确因相关条件限制不能同步配套建设的建设单位	防空地下室易地建设费的收费标准，由省、自治区、直辖市价格主管部门会同同级财政、人防主管部门按照当地防空地下室的造价制定	2021年划转
20	排污权出让收入	现有排污单位；新建项目排污权和改建、扩建项目新增排污权的中标人	排污权使用费的征收标准由试点地区省级价格、财政、环境保护部门根据当地环境资源稀缺程度、经济发展水平、污染治理成本等因素确定	2021年划转
21	土地闲置费	被认定为闲置土地的国有建设用地使用权人，包括企业、组织、社会团体或个人	按照土地出让或者划拨价款的20%征缴土地闲置费，土地闲置费不得列入生产成本	2021年划转
22	生活垃圾处理费	产生城市生活垃圾的单位和个人	各地征收标准不统一，由县级以上地方人民政府制定收费标准	2021年划转（按行政事业性收费管理的生活垃圾处理费）
23	国有土地使用权出让收入	依法取得国有土地使用权的受让人、承租国有土地使用权的承租人，转让已购公有住房、房改房和经济适用住房的房产所有人。包括企业、组织、社会团体或个人	根据合同、协议、划拨决定书等确定的金额征收	2022年划转
24	矿产资源专项收入	在中国领域及管辖海域勘查、开采矿产资源的探矿权人或采矿权人	1.矿业权出让收益。2023年5月1日改革前，根据矿业权出让合同等确定的金额征收。改革实施前已签订了合同或分期缴款批复不再调整，矿业权人继续缴纳剩余部分。2023年5月1日改革后，对《矿种目录》内矿种实行“按额征收（出让环节的竞价结果或起始价）+逐年按率征收（矿产品年度销售收入×矿业权出让收益率）”；对《矿种目录》外矿种，按出让金额形式征收。 2.探矿权使用费。以勘查年度计算，按区块面积逐年缴纳，第一个勘查年度至第三个勘查年度，每平方公里每年缴纳100元，从第四个勘查年度起每平方公里每年增加100元，最高不超过每平方公里每年500元。 3.采矿权使用费。按矿区范围面积逐年缴纳，每平方公里每年1000元	2022年划转
25	海域使用金	使用海域的单位和个人	统一按照用海类型、海域等别以及相应的海域使用金征收标准计算征收	2022年划转

续表

序号	项目名称	征收对象	征收标准	相关说明
26	无居民海岛使用金	利用无居民海岛的单位和个人	无居民海岛使用权出让价款不得低于无居民海岛使用权出让最低价	2022年划转
27	森林植被恢复费	勘查、开采矿藏和修建道路、水利、电力、通讯等各项建设工程需要占用林地的用地单位	1.郁闭度0.2以上的乔木林地（含采伐迹地、火烧迹地）、竹林地、苗圃地，每平方米不低于10元；灌木林地、疏林地、未成林造林地，每平方米不低于6元；宜林地，每平方米不低于3元。各省、自治区、直辖市财政、林业主管部门在上述下限标准基础上，结合本地实际情况，制定本省、自治区、直辖市具体征收标准。 2.国家和省级公益林林地，按照第1项规定征收标准2倍征收。 3.城市规划区的林地，按照第1项、第2项规定征收标准2倍征收。 4.城市规划区外的林地，按占用征收林地建设项目性质实行不同征收标准。属于公共基础设施、公共事业和国防建设项目的，按照第1项、第2项规定征收标准征收；属于经营性建设项目的，按照第1项、第2项规定征收标准2倍征收	2023年划转
28	草原植被恢复费	勘查、开采矿藏和工程建设需征用或使用草原的用地单位和个人，以及因工程建设、勘查、旅游等活动需要临时占用草原且未履行恢复义务的单位和个人	由所在地省、自治区、直辖市价格主管部门会同财政部门核定，并报国家发展改革委、财政部备案	2023年划转

税收协定与税收情报网络

扩大税收协定网络

截至2024年底，中国税收协定网络已覆盖全球114个国家（地区），基本涵盖中国对外投资主要目的地及来华投资主要国家（地区）。

表10　中国与其他国家签订的避免双重征税协定

国家	签署日期	生效日期
日本	1983.09.06	1984.06.26
美国	1984.04.30	1986.11.21
法国	1984.05.30	1985.02.21
	2013.11.26	2014.12.28
英国	1984.07.26	1984.12.23
	2011.06.27	2013.12.13
比利时	1985.04.18	1987.09.11
	2009.10.07	2013.12.29
德国[①]	1985.06.10	1986.05.14
	2014.03.28	2016.04.06
马来西亚	1985.11.23	1986.09.14
挪威	1986.02.25	1986.12.21
	2023.05.12	（尚未生效）
丹麦	1986.03.26	1986.10.22
	2012.06.16	2012.12.27
新加坡	1986.04.18	1986.12.11
	2007.07.11	2007.09.18
加拿大	1986.05.12	1986.12.29
芬兰	1986.05.12	1987.12.18
	2010.05.25	2010.11.25
瑞典	1986.05.16	1987.01.03
新西兰	1986.09.16	1986.12.17
	2019.04.01	2019.12.27
泰国	1986.10.27	1986.12.29
意大利	1986.10.31	1989.11.14
	2019.03.23	（尚未生效）
荷兰	1987.05.13	1988.03.05
	2013.05.31	2014.08.31
捷克斯洛伐克（适用于斯洛伐克）[②]	1987.06.11	1987.12.23

续表

国家	签署日期	生效日期
波兰	1988.06.07	1989.01.07
澳大利亚	1988.11.17	1990.12.28
南斯拉夫（适用于波斯尼亚和黑塞哥维那）[3]	1988.12.02	1989.12.16
保加利亚	1989.11.06	1990.05.25
巴基斯坦	1989.11.15	1989.12.27
科威特	1989.12.25	1990.07.20
瑞士	1990.07.06	1991.09.27
	2013.09.25	2014.11.15
塞浦路斯	1990.10.25	1991.10.05
西班牙	1990.11.22	1992.05.20
	2018.11.28	2021.05.02
罗马尼亚	1991.01.16	1992.03.05
	2016.07.04	2017.06.17
奥地利	1991.04.10	1992.11.01
巴西	1991.08.05	1993.01.06
蒙古	1991.08.26	1992.06.23
匈牙利	1992.06.17	1994.12.31
马耳他	1993.02.02	1994.03.20
	2010.10.18	2011.08.25
阿拉伯联合酋长国	1993.07.01	1994.07.14
卢森堡	1994.03.12	1995.07.28
韩国	1994.03.28	1994.09.27
俄罗斯	1994.05.27	1997.04.10
	2014.10.13	2016.04.09
巴布亚新几内亚	1994.07.14	1995.08.16
印度	1994.07.18	1994.11.19
毛里求斯	1994.08.01	1995.05.04
克罗地亚	1995.01.09	2001.05.18
白俄罗斯	1995.01.17	1996.10.03
斯洛文尼亚	1995.02.13	1995.12.27
以色列	1995.04.08	1995.12.22
越南	1995.05.17	1996.10.18
土耳其	1995.05.23	1997.01.20
乌克兰	1995.12.04	1996.10.18
亚美尼亚	1996.05.05	1996.11.28
牙买加	1996.06.03	1997.03.15
冰岛	1996.06.03	1997.02.05
立陶宛	1996.06.03	1996.10.18
拉脱维亚	1996.06.07	1997.01.27
乌兹别克斯坦	1996.07.03	1996.07.03
孟加拉国	1996.09.12	1997.04.10
塞尔维亚[4]	1997.03.21	1998.01.01
黑山[4]	1997.03.21	1998.01.01
苏丹	1997.05.30	1999.02.09

续表

国家	签署日期	生效日期	国家	签署日期	生效日期
马其顿	1997.06.09	1997.11.29	摩洛哥	2002.08.27	2006.08.16
埃及	1997.08.13	1999.03.24	斯里兰卡	2003.08.11	2005.05.22
葡萄牙	1998.04.21	2000.06.07	特立尼达和多巴哥	2003.09.18	2005.05.22
爱沙尼亚	1998.05.12	1999.01.08	阿尔巴尼亚	2004.09.13	2005.07.28
老挝	1999.01.25	1999.06.22	文莱	2004.09.21	2006.12.29
塞舌尔	1999.08.26	1999.12.17	阿塞拜疆	2005.03.17	2005.08.17
菲律宾	1999.11.18	2001.03.23	格鲁吉亚	2005.06.22	2005.11.10
爱尔兰	2000.04.19	2000.12.29	墨西哥	2005.09.12	2006.03.01
南非	2000.04.25	2001.01.07	沙特阿拉伯	2006.01.23	2006.09.01
巴巴多斯	2000.05.15	2000.10.27	阿尔及利亚	2006.11.06	2007.07.27
摩尔多瓦	2000.06.07	2001.05.26	塔吉克斯坦	2008.08.27	2009.03.28
卡塔尔	2001.04.02	2008.10.21	埃塞俄比亚	2009.05.14	2012.12.25
古巴	2001.04.13	2003.10.17	捷克	2009.08.28	2011.05.04
委内瑞拉	2001.04.17	2004.12.23	土库曼斯坦	2009.12.13	2010.05.30
尼泊尔	2001.05.14	2010.12.31	赞比亚	2010.07.26	2011.06.30
哈萨克斯坦	2001.09.12	2003.07.27	叙利亚	2010.10.31	2011.09.01
印度尼西亚	2001.11.07	2003.08.25	乌干达	2012.01.11	（尚未生效）
阿曼	2002.03.25	2002.07.20	博茨瓦纳	2012.04.11	2018.09.19
尼日利亚	2002.04.15	2009.03.21	厄瓜多尔	2013.01.21	2014.03.06
突尼斯	2002.04.16	2003.09.23	智利	2015.05.25	2016.08.08
伊朗	2002.04.20	2003.08.14	津巴布韦	2015.12.01	2016.09.29
巴林	2002.05.16	2002.08.08	柬埔寨	2016.10.13	2018.01.26
希腊	2002.06.03	2005.11.11	肯尼亚	2017.09.21	（尚未生效）
吉尔吉斯斯坦	2002.06.24	2003.03.29	加蓬	2018.09.01	2024.10.13

续表

国家	签署日期	生效日期	国家	签署日期	生效日期
刚果(布)	2018.09.05	2022.07.06	卢旺达	2021.12.07	2022.06.25
安哥拉	2018.10.09	2022.06.11	塞内加尔	2023.10.17	(尚未生效)
阿根廷	2018.12.02	2024.11.26	喀麦隆	2023.10.17	(尚未生效)

注：① 中国政府于1985年6月10日、1987年6月8日先后与德意志联邦共和国、德意志民主共和国政府签订避免对所得和财产双重征税协定、避免对所得双重征税和防止偷漏税协定。1990年10月3日，德意志联邦共和国与德意志民主共和国统一为德意志联邦共和国，中国政府1985年6月10日与德意志联邦共和国政府签订的避免对所得和财产双重征税协定继续适用于中国和统一以后的德意志联邦共和国。

② 中国政府于1987年6月11日与捷克斯洛伐克社会主义共和国政府签订避免对所得双重征税和防止偷漏税协定。1990年，捷克斯洛伐克社会主义共和国先后改国名为捷克斯洛伐克联邦共和国、捷克和斯洛伐克联邦共和国，上述协定继续适用。1993年1月1日，捷克和斯洛伐克联邦共和国分解为捷克共和国和斯洛伐克共和国，上述协定继续适用于中国和上述两国。2009年8月28日，中国政府与捷克共和国政府签订避免对所得双重征税和防止偷漏税协定，该协定适用于捷克共和国。

③ 中国政府于1988年12月2日与南斯拉夫社会主义联邦共和国议会联邦执行委员会(南斯拉夫政府)签订避免对所得和财产双重征税协定，后来南斯拉夫解体，据外交部告，该协定由解体后的各国继承，后来中国政府陆续与解体后的各国政府签订避免对所得和财产双重征税协定，仅有波斯尼亚和黑塞哥维那政府未单独签订，上述协定继续适用于中国和波斯尼亚和黑塞哥维那。

④ 中国政府于1997年3月21日与南斯拉夫联盟共和国联盟政府(南斯拉夫联盟政府)签订避免对所得和财产双重征税协定。2003年2月4日，南斯拉夫联盟共和国改国名为塞尔维亚和黑山共和国，上述协定继续适用。2006年6月3日，塞尔维亚和黑山共和国分解为塞尔维亚共和国和黑山共和国，上述协定继续适用于中国和上述两国。

表11　内地与香港、澳门特别行政区签订的避免双重征税安排

地　区	签署日期	生效日期
澳门特别行政区	2003.12.27	2003.12.30
香港特别行政区	2006.08.21	2006.12.08

表12　大陆与台湾签订的避免双重征税协议

地　区	签署日期	生效日期
台　湾	2015.08.25	(尚未生效)

拓展情报交换网络

20世纪90年代，中国主要开展专项税收情报交换，合作对象包括美国、英国、日本、韩国等10余个国家。进入21世纪，随着中国经济不断融入全球经济体系，中国税收情报交换工作也呈现加速发展态势。2024年，中国与60余个国家(地区)保持着稳定的专项情报交换关系，并继续通过国际联合信息分享与协作特别工作组(JITSIC)平台与相关国家开展情报交换项目合作。

2013年8月，中国签署《多边税收征管互助公约》，2016年2月1日起对中国生效，自2017年1月1日起执行，进一步拓展了税收情报交换的广度和深度。中国还与巴哈马、英属维尔京群岛、马恩岛、根西、泽西、百慕大、阿根廷、开曼群岛、圣马力诺、列支敦士登等10个国家(地区)签订了税收情报交换协定且已生效执行。2020年，中国通过税收透明度和情报交换全球论坛(以下简称全球论坛)开展的第二轮专项税收情报交换同行审议，获得的评级为“大部分遵从”。

2014年，中国对外承诺将实施金融账户涉税信息自动交换标准(CRS)。

2015年12月，经国务院批准，税务总局签署了《金融账户涉税信息自动交换多边主管当局间协议》。

2017年5月，税务总局、财政部、中国人民银行、中国银监会、中国证监会、中国保监会共同发布《非居民金融账户涉税信息尽职调查管理办法》，自2017年7月1日起执行，实现了CRS在中国的落地实施。

自2018年起，中国已连续7年成功对外交换非居民金融账户涉税信息，并获取居民纳税人境外账户信息，为打击跨境逃避税行为提供更为有力的信息支撑。

2020年，中国通过全球论坛开展的CRS国内法审议，各项法律要素全部达标，获得的评级为“到位”。

2022年，中国通过CRS有效性审议，获得的评级为“合规”。

2024年，中国内地与中国澳门签署《内地和澳门特别行政区主管当局关于提高两地税收遵从度的金融账户涉税信息自动交换安排》，中国CRS交换伙伴增至107个国家(地区)。

表13　中国政府签订的多边税收条约

序号	条约名称	签署日期	生效日期	执行日期
1	多边税收征管互助公约	2013.08.27	2016.02.01	2017.01.01
2	金融账户涉税信息自动交换多边主管当局间协议	2015.12.16	2017.05	2017.07
3	实施税收协定相关措施以防止税基侵蚀和利润转移的多边公约	2017.06.07	2022.09.01	

表14　中国政府签订的税收情报交换协定

序号	条约名称	签署日期	生效日期	执行日期	签署人
1	巴哈马	2009.12.01	2010.08.28	2011.01.01	胡定贤（大使）
2	英属维尔京群岛	2009.12.07	2010.12.30	2011.01.01	钱冠林
3	马恩岛	2010.10.26	2011.08.14	2012.01.01	肖捷
4	根西	2010.10.27	2011.08.17	2012.01.01	肖捷
5	泽西	2010.10.29	2011.11.10	2012.01.01	肖捷
6	百慕大	2010.12.02	2011.12.31	2012.01.01	王力
7	阿根廷	2010.12.13	2011.09.16	2012.01.01	肖捷
8	开曼群岛	2011.09.26	2012.11.15	2013.01.01	宋兰
9	圣马力诺	2012.07.09	2013.04.30	2014.01.01	肖捷
10	列支敦士登	2014.01.27	2014.08.02	2015.01.01	梁建全（驻苏黎世总领事）